Modèle

Pour tendre

La main à

Un influenceur

Il est temps de découvrir le monde passionnant du marketing d'influence ! La vérité est que si vous ne travaillez pas avec des influenceurs, vous manquez une énorme opportunité dans le commerce électronique.

Les influenceurs deviennent de plus en plus importants car les consommateurs font moins confiance aux marques, se désengagent et bloquent davantage la publicité directe et ont une durée d'attention plus courte.

Les avantages de travailler avec des influenceurs:

Les influenceurs ont la confiance d'un public engagé

Les influenceurs peuvent créer de beaux contenus générés par les utilisateurs que vous pouvez utiliser

Les influenceurs peuvent vous apporter une exposition qui peut conduire à une plus grande notoriété de la marque et plus d'exposition

Sur la page suivante, vous pouvez voir un modèle utile que vous pouvez adapter pour que votre public atteigne un influenceur.

Courriel de sensibilisation des influenceurs:

Exemple de script de messagerie (modifier pour votre entreprise):

Cet exemple provient de Gretta Rose Van Riel, enseignante pour le cours Grow Your Business with Instagram.

Salut Ella,

Je vous ai vu sur Instagram et j'adore votre flux. Votre récent voyage au Japon avait l'air incroyable!

[Compliment + Détails personnels que vous avez remarqués]

Je m'adresse à vous aujourd'hui au nom de ma marque @SkintoxCo, car nous recherchons des créateurs de contenu engagés dans l'industrie de la beauté pour faire connaître notre marque.

[Pourquoi eux]

Chez Skintox, nous créons des produits qui détoxifient votre peau de l'intérieur comme de l'extérieur.

Nous pensons que les produits de beauté doivent être aussi beaux qu'ils vous font, nous avons donc accordé beaucoup d'attention à la conception de nos emballages.

[Un peu sur la marque / comment nous sommes différents]

Nous pensons que vous correspondez parfaitement à la marque et nous aimerions donc vous envoyer toute notre gamme de produits Skintox que vous trouverez ici.

Je me demande quels seraient vos tarifs pour 1 publication sur votre flux Instagram et 1 histoire?

La publication devrait inclure l'emballage du produit, une courte révision de 1 à 2 phrases et un lien vers nos Instagram @skintoxco et #skintox.

[Être franc et clair sur ce qu'ils obtiennent et ce que vous voulez. Notez que s'ils sont un micro-influenceur, ils peuvent être disposés à publier en échange de la réception gratuite de votre produit, surtout s'il s'agit d'un produit de plus grande valeur]

Au plaisir d'avoir de vos nouvelles.

Kindest,

Gretta

Fondateur chez Skintox

www.skintox.com

Merci mille

fois que vous

achetez l'e-book

et pour la
confiance de moi,

j'espère que
vous aimez

mon livre,

n'hésitez pas à me poser

des questions dans

mes réseaux sociaux .

Avec toute ma
gratitude

est un mot trop simple.

Ce que je
voudrais exprimer
est

au-dessus de cela.

Je suis à la fois touché

et reconnaissant
de l'aide

que vous m'avez apportée ...

et je ne vous remercierai

jamais assez.

Ce que j'ai fait
pour gagner des

**clients fidèles
comme vous……**

www.ingramcontent.com/pod-product-compliance
Lightning Source LLC
Chambersburg PA
CBHW050308220526
45465CB00002B/878